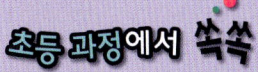
자연탐구 탐구과정 즐기기 – 궁금한 것을 탐구하는 과정에 즐겁게 참여한다.

초등 과정에서 쏙쏙
과학 4-2   4. 지구와 달 – 1. 우리의 지구, 2. 지구와 달
과학 5-2   4. 태양계와 별

감수 및 추천 이명근 박사(미국 존스홉킨스 대학교 교수 역임, 현재 연세대학교 보건대학원 교수)

세계 곳곳의 재난지에 뛰어들어 어린이들은 물론 도움이 필요한 사람들을 구조하며 봉사의 삶을 사는 분입니다. 알아야 더 잘할 수 있다는 믿음으로 연세대학교 보건대학원에 '국제 재난 대응 전문가 과정'을 개설하여 많은 재난 구조 전문가를 양성하고 있습니다. 국제 NGO인 '머시코'(Mercy Corp.)와 UNDP(유엔경제개발계획)에서 활동하기도 했습니다. 지금은 재난 구호의 필요성을 알리고, 아시아와 아프리카의 개발을 위해 '코이카'(KOICA, 한국국제협력단)와 국제 개발 기관인 '글로벌 투게더' 등과 함께 봉사에 앞장서고 있습니다.

글 황근기

강원도 춘천에서 태어나 대학에서 국문학을 공부했습니다. 현재 동화, 만화, 시, 여행기 등 다양한 장르를 넘나들며 글을 쓰고 있습니다. 그동안 쓴 책으로는 〈Why? 로켓과 탐사선〉, 〈과학 첫발 1,2〉, 〈과학대소동〉, 〈꼬물꼬물 갯벌 생물 이야기〉, 〈생각하는 아이를 위한 놀이 과학동화〉, 〈과학귀신〉, 〈리틀 과학자가 꼭 알아야 할 과학 이야기〉, 〈대머리 아저씨의 머리카락〉 등이 있습니다. 특히 인도, 네팔, 티베트 지역의 문화에 푹 빠져 수차례 히말라야 주변을 여행한 뒤 그 경험을 토대로 〈세계 지도로 보는 세계, 세계인〉, 〈100나라 어린이들이 가장 궁금해하는 100가지〉 등을 썼습니다.

그림 파울 필로포프

독일에서 태어났으며 뮌스터 대학에서 디자인과 일러스트레이션을 공부했습니다. 덕성여자대학교에서 이원복 교수의 지도 아래 8개월 동안 그림을 공부하기도 했습니다. 현재는 프리랜서 일러스트레이터로 활동하고 있습니다.

우주와 지구 | 태양계
59. 태양계로 간 이상한 소풍

글 황근기 | **그림** 파울 필로포프
펴낸곳 스마일 북스 | **펴낸이** 이행순 | **제작 상무** 장종남
대표 조주연 | **주소** 서울특별시 종로구 사직로8길 20, 103호
출판등록 제2013 - 000070호   **홈페이지** www.smilebooks.co.kr
전화번호 1588 - 3201   **팩스** (02)747 - 3108
기획 · 편집 조주연 김민정 김인숙 | **디자인** 김수정 정수하
사진 제공 및 대여 셔터스톡 연합뉴스 프리픽

이 책의 모든 글과 그림 등의 저작권은 스마일 북스에 있습니다.
본사의 허락 없이 이 책에 실린 내용의 일부 또는 전체를 어떤 형태로든지
변조하거나 무단 복제하는 것은 법으로 금지되어 있습니다.

⚠ 책을 집어던지면 다칠 수 있으니 조심하십시오. 잘못 만들어진 책은 바꾸어 드립니다.

태양계로 간
이상한 소풍

글 황근기 | **그림** 파울 필로포프

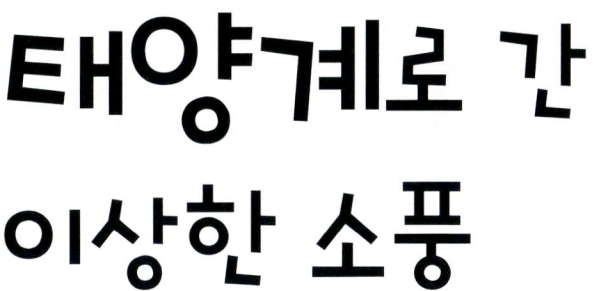

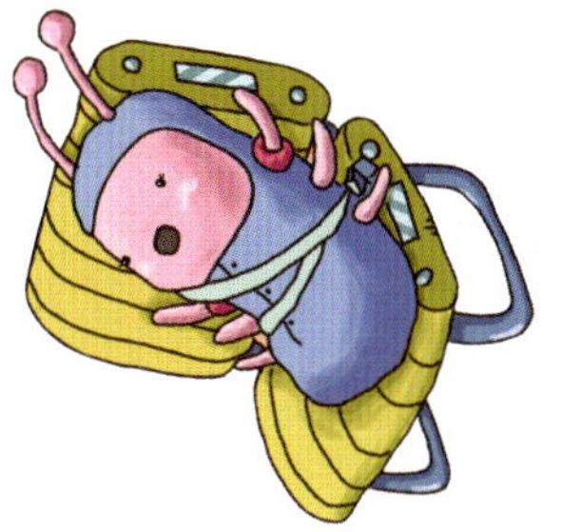

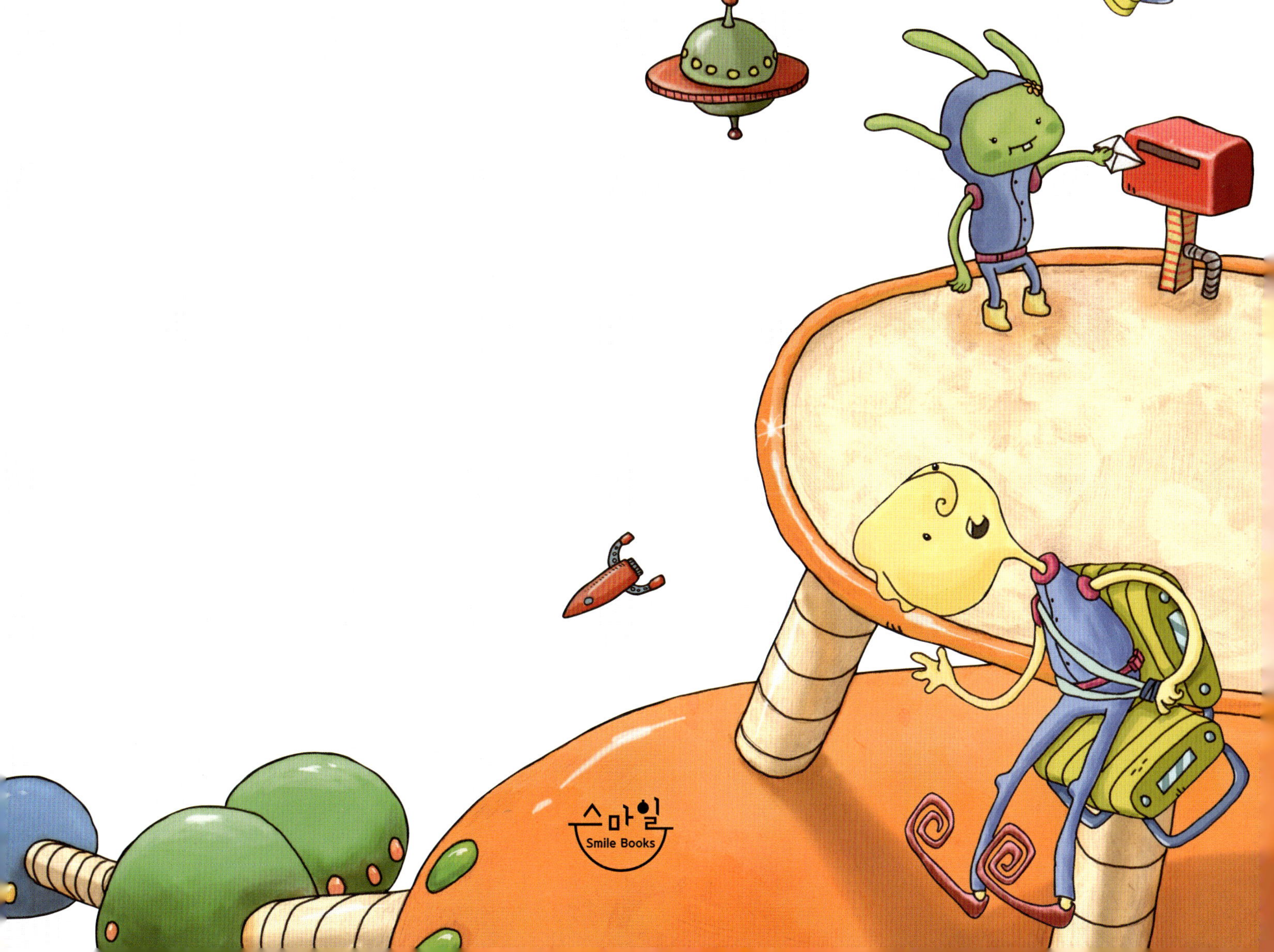

스마일
Smile Books

안녕!

나는 안드로메다 **은하**에 사는 루루라고 해.

오늘은 아주 신나는 날이야.

왠지 알아?

오늘은 우리가 태양계로 소풍을 떠나는 날이거든.

시간이 되면 네가 살고 있는 지구에도 꼭 들를게.

은하가 뭐예요?
수많은 별과 가스와 먼지가 구름 띠 모양으로 모여 있는 무리예요. 안드로메다는 태양계 가까이 있는 은하예요.

드디어 우주 버스가 출발했어.
"지금 여러분이 탄 우주 버스는
빛보다 빠른 속도로 태양계로 가고 있습니다.
모두 안전띠를 꼭 매 주세요."

나는 안전띠를 꽉 매고 창밖을 내다봤어.
우주에는 수많은 별이 반짝반짝
빛나고 있었어.

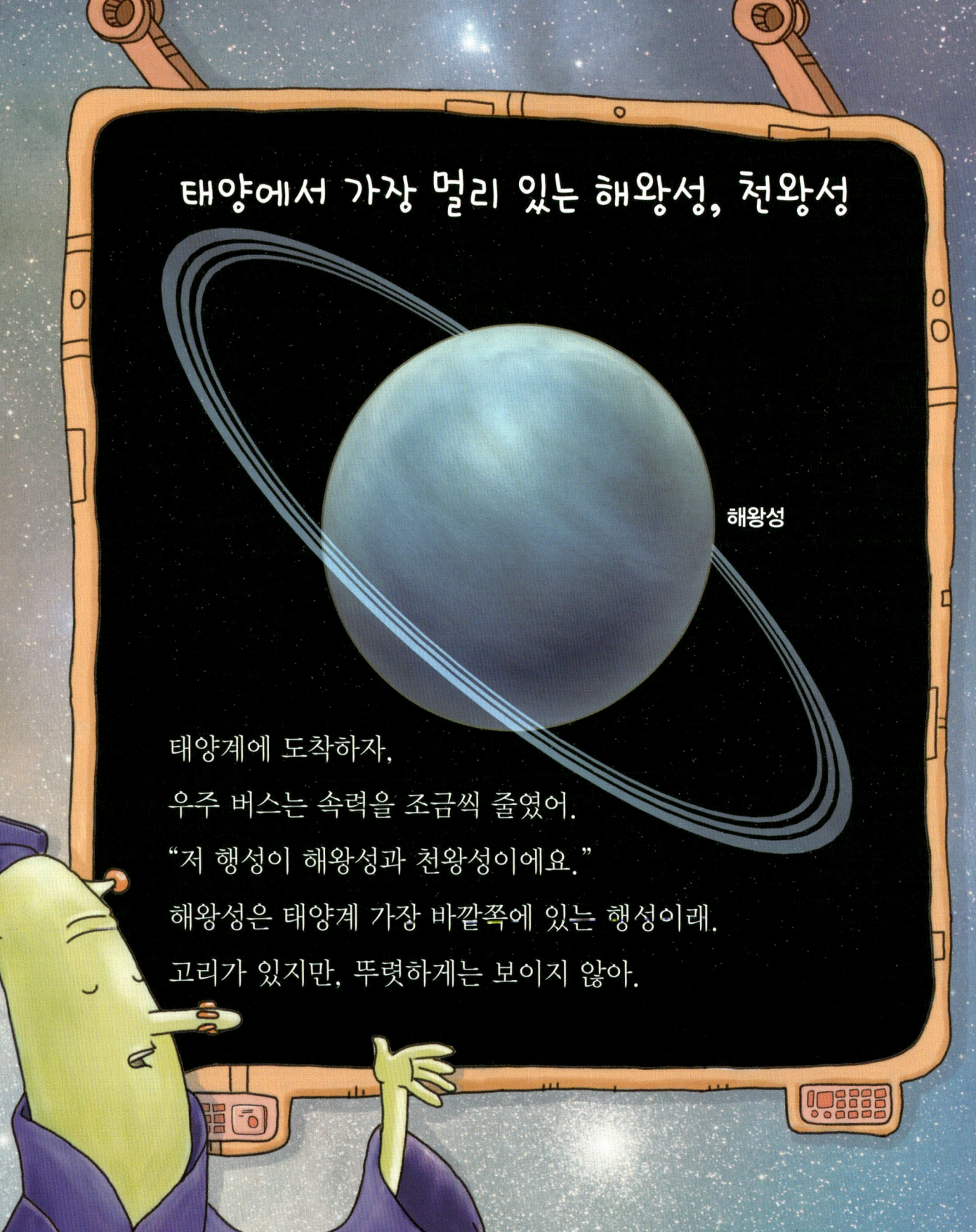

태양에서 가장 멀리 있는 해왕성, 천왕성

해왕성

태양계에 도착하자,
우주 버스는 속력을 조금씩 줄였어.
"저 행성이 해왕성과 천왕성이에요."
해왕성은 태양계 가장 바깥쪽에 있는 행성이래.
고리가 있지만, 뚜렷하게는 보이지 않아.

토성

토성의 위성인
타이탄

고리가 있는 토성

토성은 아름다운 고리를 여러 겹 두르고 있어.

마치 훌라후프를 빙글빙글 돌리고 있는 것처럼 보여.

"토성에는 약 60개의 **위성**이 있어요.

그 가운데에서 가장 큰 위성은

얼음과 돌덩이로 이루어진 '타이탄'이에요."

오쇼 선생님이 자세히 가르쳐 주셨어.

위성이 뭐예요?
행성이 끌어당기는 힘을 받아 그 둘레를 도는 물체를 위성이라고 해요. 지구의 위성은 달이고, 태양계에서는 목성에 가장 많은 위성이 있어요. 하지만 수성과 금성에는 위성이 하나도 없답니다.

태양계에서 가장 큰 목성

목성은 태양계에서 가장 큰 행성이래.
목성이 만약 공처럼 생긴 자루라면,
지구를 1,300개가 넘게 넣을 수 있대.
고리는 희미해서 거의 안 보여.

언제 내리나요?

목성

"오쇼 선생님, 소행성이 뭐예요?"

"**소행성**은 태양 둘레를 도는 작은 행성들로, 주로 화성과 목성 사이에서 발견되고 있어요."

돌과 사막뿐인 화성

화성은 네가 살고 있는 지구와 많이 닮았어.
지구처럼 화성에도 얼음이 덮여 있고,
강물이 흘렀던 흔적도 보여.
"화성에는 화산이 언제 터질지
몰라 위험해요."
오쇼 선생님의 말씀을 듣고,
우리는 화성에 내리지 않았어.

무슨 소풍이 이래?
하루 종일 우주 버스만
타고…….

생물이 살고 있는 지구

"우아!"

지구를 본 나는 자리에서 벌떡 일어났어.

"정말 아름답다. 마치 푸른 구슬 같아!"

나는 눈을 반짝이며 오쇼 선생님을 바라봤어.

"지구는 태양계에서 유일하게 생물이 살고 있어요."
우리는 지구에 내리는 줄 알고 몹시 좋아했어.
하지만 지구에도 내리지 않았단다.
평화로운 지구인들을 놀라게 할지도 모르기 때문이래.

태양계에서 가장 밝은 행성, 금성

금성은 지구에서 볼 때 가장 밝은 행성이래.
"금성에는 내리겠지?"
나는 엉덩이를 들썩거렸어.
하지만 오쇼 선생님의 설명을
 듣고 난 후에는 생각을 바꾸었어.
  "금성의 표면은 얼마나 뜨거운지
   단단한 바위도 질퍽질퍽 녹을 정도랍니다."

앗, 뜨거워.
당장 이곳을
떠나요!

금성

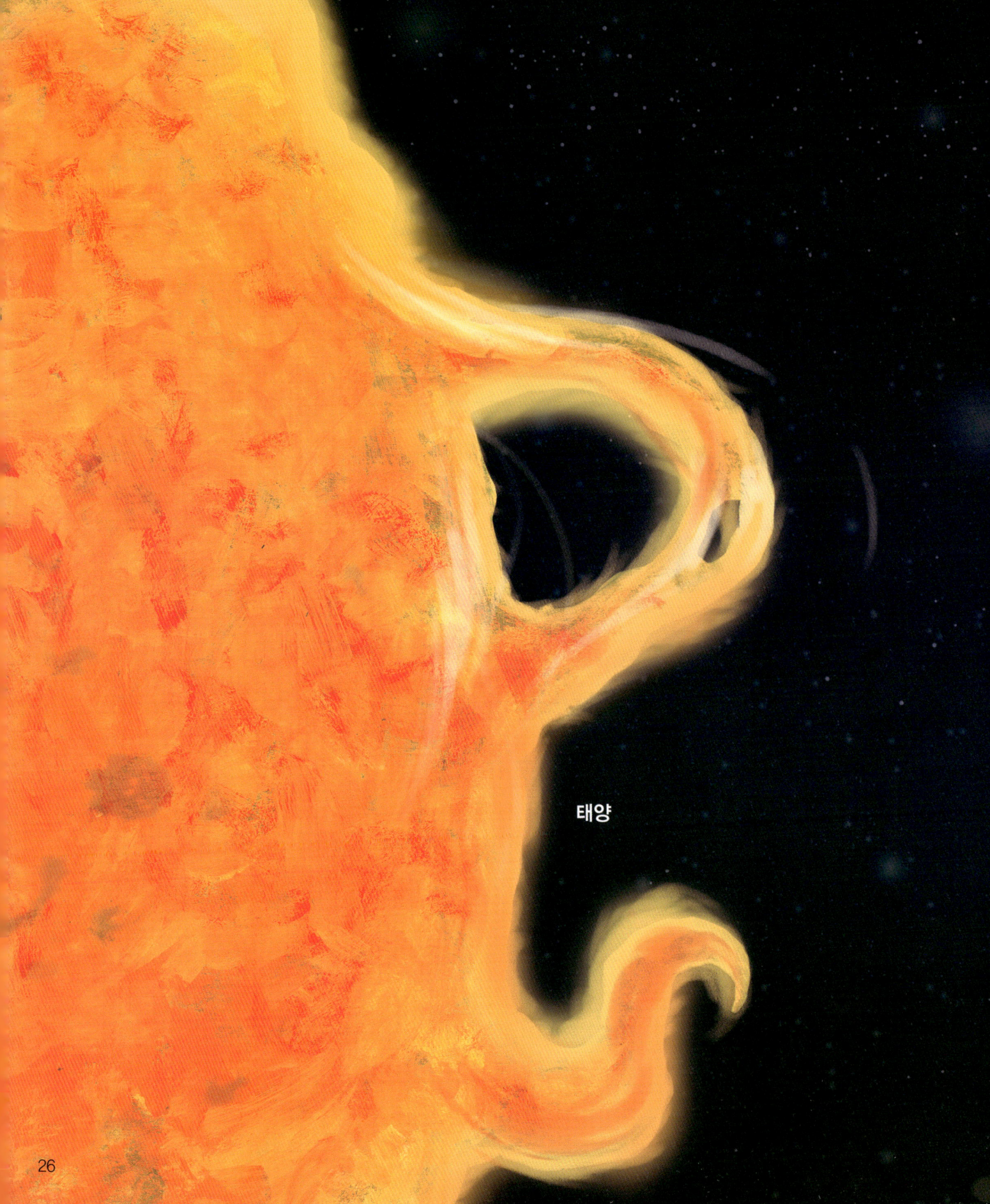
태양

수성

태양과 가장 가까운 수성

수성은 태양에서 가장 가까운 곳에 있어.
"수성은 낮과 밤의 기온 차이가 아주 많이 나요.
낮은 무엇이든지 녹일 정도로 뜨겁고,
밤은 무엇이든지 얼려 버릴 정도로 춥답니다."
난 엉덩이를 의자에 딱 붙인 채
수성을 빨리 지나가기만을 기다렸어.

활활 타오르는 태양

가스로 이루어진 태양은
엄청난 빛과 열을 내뿜고 있어.
너무 눈이 부셔서 눈을 뜰 수조차 없었지.
바로 그때 요란한 소리가 울려 퍼졌어.
"삐요 삐요! 태양에 너무 가까이 왔습니다.
이제 그만 소풍을 마치고 안드로메다 은하로 돌아가야 합니다."
우주 버스는 최고 속력으로 태양계를 벗어나기 시작했어.

태양계로 떠난 소풍은 아쉬웠어.
우주 버스에서 내리지도 못하고 돌아왔거든.
하지만 멀리서라도 지구를 바라볼 수 있어서 좋았어.
지구는 정말 아름다운 행성이었거든.
지구에 살고 있는 친구야,
언젠간 우리를 초대해 주지 않을래?

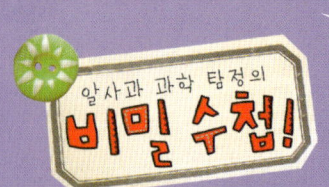

태양계 가족

태양계는 태양을 중심으로 수성, 금성, 지구, 화성, 목성, 토성, 천왕성, 해왕성의 여덟 개 행성으로 이루어져 있어요. 가족처럼 늘 함께 있다고 해서 **태양계 가족**으로 불리지요.

태양

태양계에서 유일하게 스스로 빛과 열을 내는 별이에요. 또한 지구에 가장 가까운 별이지요. 하지만 태양과 지구의 거리는 비행기를 타고 20년을 가야 하는 거리랍니다.

화성

지구의 반 정도 크기밖에 안 되며, 쇠가 녹슨 것 같은 붉은색을 띠어요. 지구처럼 사계절이 있지만, 여름에도 영하 20도가 넘는 추운 곳이에요.

금성

지구와 크기가 비슷하지만 지구보다 기온이 매우 높아요. 태양계에서 가장 밝은 행성이에요.

수성

태양과 가장 가까이 있으며, 태양계에서 가장 작아요.

지구

태양계에서 유일하게 생물이 살기에 적당한 물과 공기가 있어요.

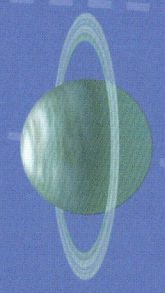

천왕성

태양에서 멀리 떨어져 있고, 청록색을 띠어요. 토성처럼 확실하게 보이지는 않지만 어두운 고리를 가지고 있어요.

해왕성

천왕성처럼 고리가 있는데, 고리가 주로 먼지로 이루어졌어요. 태양계에서 가장 바깥에 있어요.

토성

매우 밝은 둥근 고리를 두르고 있으며, 목성처럼 가스로 이루어졌어요.

목성

태양계에서 가장 큰 행성이며, 가스로 되어 있어요. 붉고 노란 구름으로 덮여 있고, 고리가 희미하게 있어요.

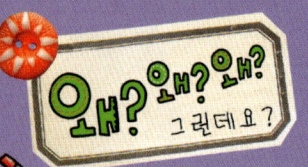
태양계에 대한 요런조런 호기심!

태양계는 얼마나 큰가요?

태양계가 얼마나 큰지 알려면 우선 학교 운동장만 한 도화지를 머릿속으로 그려 봐. 그런 다음, 도화지 위에 연필로 작은 점 하나를 찍는 거야. 운동장만 한 도화지가 태양계의 크기라고 생각하면, 점은 지구가 되는 거지. 그럼 이제 태양계가 얼마나 큰지 알겠지?

우아, 태양계는 진짜 크구나!

태양과 여덟 개 행성으로 이루어진 태양계는 우리가 상상할 수 없을 정도로 커요.

고리는 토성에만 있나요?

고리는 토성에만 있는 게 아니야. 목성과 천왕성, 해왕성에도 있지. 행성의 고리는 주로 얼음덩어리와 먼지와 돌덩어리로 되어 있는데, 얼음덩어리가 햇빛에 반사되어 우리 눈에 보이는 거야. 목성과 천왕성, 해왕성의 고리들은 토성처럼 굵지 않기 때문에 잘 보이지 않아. 우주 탐사선 보이저 2호와 허블 우주 망원경으로 목성과 해왕성, 천왕성에도 고리가 있다는 것을 발견했단다.

토성의 고리는 갈릴레오가 자신이 만든 망원경으로 처음 발견했어요.

지구는 왜 푸른색으로 보여요?

지구에는 다른 행성에는 없는 공기가 있어.
공기에 햇빛이 닿으면, 햇빛에 있는 일곱 가지 빛
중에서 보랏빛과 파란빛이 가장 잘 반사되어 퍼져 나가.
그런데 우리 눈에는 파란빛이 더 잘 들어오기 때문에
지구가 푸른색으로 보이는 거야. 그리고 지구의
대부분이 푸른 바다로 되어 있기 때문이기도 하단다.

지구는 3분의 2가 푸른 바다이고, 3분의 1이 땅이에요.

행성은 왜 태양 둘레를 도는 걸까요?

지구를 포함한 여덟 개의 행성은 태양 둘레를 원을 그리듯 둥글게 돌고 있어.
이 원을 '궤도'라고 해. 모든 행성은 시계 반대 방향으로 궤도를 돌고 있지.
그런데 왜 행성들은 태양 둘레를 돌고 있을까? 그 이유는 태양이 행성을 끌어당기는 힘과
행성이 멀리 달아나려는 힘이 똑같기 때문이란다.

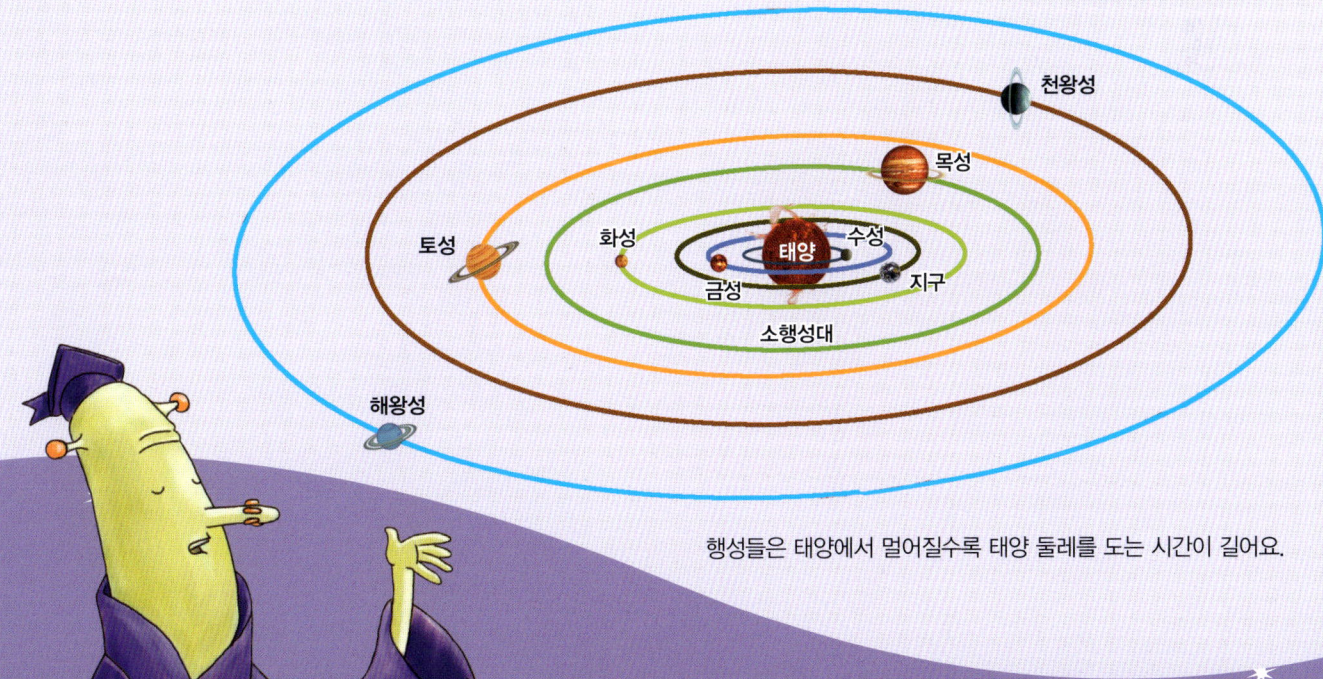

행성들은 태양에서 멀어질수록 태양 둘레를 도는 시간이 길어요.

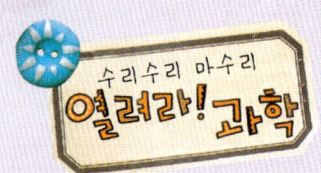

태양계의 비밀을 찾아 슝~!

사람들은 태양계의 비밀을 풀기 위해 우주에 다양한 비행 물체들을 쏘아 올렸어요.

2003년 6월 화성에 간 탐사 로봇 스피릿은 화성에서 여러 가지 조사 활동을 하다가 2011년 5월 작동을 멈추었어요. 그 뒤 여러 화성 탐사선이 쏘아 올려졌고, 새로운 화성 탐사 로봇 퍼서비어런스가 2021년 2월 18일 화성에 착륙했어요.

스피릿

퍼서비어런스

보이저 1호와 2호는 30여 년간 태양계를 조사하며 사진을 찍어 보내왔어요. 지금은 태양계 밖으로 나가 활동하고 있답니다.

목성 가까이에 가서 목성을 둘러싼 대기 등 여러 가지를 조사했던 갈릴레오 호예요. 그러나 2003년 9월, 목성에 부딪치며 사라졌지요.

태양계를 만들어요

준비물 고무찰흙, 두꺼운 마분지, 검은색 종이, 별 모양 스티커, 접착제, 실 핀

두꺼운 마분지를 돌돌 말아서 원기둥 모양을 만든 후, 원기둥에 검은색 종이를 붙여요.

검은색 종이 위에 우주의 별 스티커를 붙여요.

고무찰흙을 이용해서 행성을 만들어요. 각 행성의 크기, 무늬, 색깔, 고리 등을 잘 살펴보고 만들어야 해요.

실 핀을 이용해서, 고무찰흙으로 만든 행성을 검은색 종이 위에 순서대로 붙여 보세요.

 **엄마, 아빠에게**

아이가 고무찰흙으로 행성을 만들 때, 각 행성의 특징에 대한 힌트를 주세요.